Deutsch

Grundkurs Rechtschreiben

Lauttreue Wörter richtig schreiben

Schroedel

Stark in Deutsch

Grundkurs Rechtschreiben
Lauttreue Wörter richtig schreiben

Erarbeitet von
Renate Andreas und Anke Richert

© 2011 Bildungshaus Schulbuchverlage Westermann Schroedel Diesterweg Schöningh Winklers GmbH,
Georg-Westermann-Allee 66, 38104 Braunschweig
www.westermann.de

Druck A⁷ / Jahr 2021
Alle Drucke der Serie A sind im Unterricht parallel verwendbar.

Die Seiten dieses Arbeitshefts bestehen zu 100 % aus Altpapier.

Damit tragen wir dazu bei, dass Wald geschützt wird, Ressourcen geschont werden und der Einsatz von Chemikalien reduziert wird. Die Produktion eines Klassensatzes unserer Arbeitshefte aus reinem Altpapier spart durchschnittlich 12 Kilogramm Holz und 178 Liter Wasser, sie vermeidet 7 Kilogramm Abfall und reduziert den Ausstoß von Kohlendioxid im Vergleich zu einem Klassensatz aus Frischfaserpapier. Unser Recyclingpapier ist nach den Richtlinien des Blauen Engels zertifiziert.

Redaktion: Dr. Holger Höcke
Herstellung: Corinna Herrmann, Frankfurt am Main
Illustrationen: Jaroslav Schwarzstein, Hannover
Layout: boje5 Eckard Schönke, Braunschweig, und Hannes Thies
Umschlaggestaltung: boje5 Eckard Schönke, Braunschweig; Bildquelle: Getty Images, München
Satz: thom bahr GRAFIK, Mainz
Reproduktion: Westermann Druck GmbH, Braunschweig
Druck und Bindung: Westermann Druck GmbH, Georg-Westermann-Allee 66, 38104 Braunschweig

ISBN 978-3-507-41934-6

Inhaltsverzeichnis

Diese Zeichen findest du vor den Aufgaben. Sie bedeuten:

 Schreibe etwas auf.

 Lies den Text / schau dir etwas genau an.

 Arbeitet in einer Gruppe.

Am Ende der acht Kapitel findest du zu jeder Seite eine Zeichnung, die einen Bergsteiger zeigt.
Wenn du das Kapitel bearbeitet hast, kannst du ankreuzen, wie leicht oder schwer die einzelnen Seiten für dich waren.
Du erkennst, was du sicher kannst und was du noch üben musst.

☐	☐	☐
Das war schwer.	Das war einigermaßen schwer.	Das war leicht.

Unser ABC (Alphabet) hat 26 Buchstaben.

du schreibst	du sagst	du schreibst	du sagst	du schreibst	du sagst
A, a	A	J, j	Jot	S, s	Es
B, b	Be	K, k	Ka	T, t	Te
C, c	Ce	L, l	El	U, u	U
D, d	De	M, m	Em	V, v	Vau
E, e	E	N, n	En	W, w	We
F, f	Ef	O, o	O	X, x	Ix
G, g	Ge	P, p	Pe	Y, y	Ypsilon
H, h	Ha	Q, q	Qu	Z, z	Zet
I, i	I	R, r	Er		

Wenn du das ABC aufsagst, musst du bei den meisten Buchstaben noch Laute hinzufügen. Diese Buchstaben, die nicht alleine gesprochen werden können, heißen **Mitlaute**.

Es gibt **fünf besondere Buchstaben**, die beim Aufsagen **keine** weiteren Laute brauchen. Diese fünf Buchstaben, die alleine gesprochen werden können, heißen **Selbstlaute**.

 **1** Markiere diese fünf Buchstaben in der Tabelle.

 **2** Schreibe die fünf Selbstlaute auf.

___ ___ ___ ___ ___

> Die Selbstlaute sind besonders wichtig, denn es gibt kein Wort ohne Selbstlaute.

> **Ä ä**, **Ö ö**, und **Ü ü** nennt man **Umlaute**.
> Umlaute sind mit den Selbstlauten
> verwandt.
>
> Beispiele: Käse, Männer, Löwe, böse,
> Gemüse, müde

Ä, Ö, Ü

 1 Lies den Text langsam und deutlich.

In der Küche

Wir machen einen Salat.

Mama holt das Gemüse.

Ali holt Öl.

Susi schneidet eine Gurke.

Ali schneidet eine Tomate.

Papa ruft: Super!

 2 Markiere die Selbstlaute und Umlaute.

 3 Ergänze die fehlenden Selbstlaute und Umlaute:
a, e, i, o, u, ö oder ü.
Tipp: Du findest alle Wörter im Text.

M__m__   S__l__t   K__ch__

__l   T__m__t__   G__rk__

G__m__s__   r__ft   S__p__r

Wenn du Wörter langsam und betont sprichst, zerlegen sie sich von selbst in kleinere Sprecheinheiten: die Silben. Wörter bestehen aus einer oder mehreren Silben:

Tür	eine Silbe
Au to	zwei Silben
Au to tür	drei Silben

 1 Lies die Wörter und verbinde sie mit dem passenden Bild.

Ro se

Te le fon

Pin sel

Ka mel

Maus

Ei

Tipp:
Silbensprache: Wörter werden langsam und deutlich gesprochen und dabei in Silben aufgeteilt.

 2 Lest euch die Wörter in Silbensprache vor.

 3 Lies die Wörter in Silbensprache und male bei jeder Silbe einen Silbenbogen in die Luft.

Po li zei

 4 Zeichne Silbenbögen unter die Wörter aus Aufgabe 1.

1 Lies die Wörter in Silbensprache und male dabei Silbenbögen in die Luft.

Sar di ne   Nas horn   La ma

Schim pan se   An ti lo pe   Pa pa gei

Ti ger   Fle der maus   Del fin

Pe li kan   Ka mel   Eu le

2 Lies die Wörter in Silbensprache und zeichne Silbenbögen unter die Wörter.

3 Wie viele Silben haben die Wörter in Aufgabe 1?
Trage deine Ergebnisse ein.

Es gibt in Aufgabe 1 _____ Wörter mit zwei Silben.

Es gibt in Aufgabe 1 _____ Wörter mit drei Silben.

Es gibt in Aufgabe 1 _____ Wort mit vier Silben.

4 Lies die Sätze in Silbensprache und male dabei Silbenbögen in die Luft.

E le fan ten   trom pe ten   laut.

Blu men   duf ten   im   Tro pen haus.

Am   U fer   war ten   Kro ko di le   auf   Lö wen.

Fre che   Schim pan sen   wer fen   mit   Ba na nen scha len.

5 Zeichne Silbenbögen unter die Wörter.

1 Lies die Wörter in Silbensprache und male dabei Silbenbögen in die Luft.

Au to	hu pen	Last wa gen
Schil der	Pi lot	Mo tor
Mo fa hu pe	Am pel	Au to rei fen
Si re ne	um lei ten	Ben zin

2 Lies die Wörter in Silbensprache und zeichne Silbenbögen unter die Wörter.

3 Wie viele Silben haben die Wörter in Aufgabe 1? Trage deine Ergebnisse ein.

Es gibt in Aufgabe 1 _____ Wörter mit zwei Silben.

Es gibt in Aufgabe 1 _____ Wörter mit drei Silben.

Es gibt in Aufgabe 1 _____ Wörter mit vier Silben.

4 Lies die Sätze in Silbensprache und male dabei Silbenbögen in die Luft.

Ein Au to war tet an der Am pel.

Das Po li zei au to rast wei ter.

Tom und Ma ja hö ren ei ne Si re ne.

So ei ne lau te Si re ne!

5 Zeichne Silbenbögen unter die Wörter.

1 Lies die Wörter in Silbensprache und male dabei Silbenbögen in die Luft.

Salami	Schokolade	Kiwi
Marmelade	Tomate	Limonade
Praline	Margarine	Banane
Melone	Marzipan	Aprikose

2 Lies die Wörter in Silbensprache und zeichne Silbenbögen unter die Wörter.

3 Markiere die Selbstlaute in den Wörtern: a, e, i , o und u.

Denke daran:
In jeder Silbe ist **ein** Selbstlaut oder Umlaut.

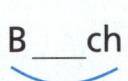

4 Hier fehlt was! Ergänze in jeder Silbe einen Selbstlaut oder Umlaut, sodass sinnvolle Wörter entstehen.

S o f a	M__s__k	__p__
W__lk__	T__m__t__	B__ch
G__m__s__	T__sch	K__m__l
H__t	R__s__n	D__s__

1 Lies die Wörter in Silbensprache und male dabei Silbenbögen in die Luft.

Boden	Erde	Gemüse
Garten	Blüte	Tulpe
Salat	Kürbis	Gartenhaus
Wurzel	Blume	Baum

 2 Lies die Wörter in Silbensprache und zeichne Silbenbögen unter die Wörter.

 3 Lies die Sätze in Silbensprache und male dabei Silbenbögen in die Luft.

Kinder toben im Garten.

Tilo und Sara finden im Gemüse eine Raupe.

Manche Blumen duften gut.

Einige Schafe laufen zum Zaun.

 4 Markiere alle Selbstlaute und Umlaute.

 5 Zeichne Silbenbögen unter die Wörter.

1 Schau dir die Bilder in der rechten Spalte an.

 2 Setze aus den Silben passende Wörter zusammen und verbinde sie mit den Bildern.

Am	to
Be	ket
Au	sen
Pa	sel
Ei	se
Ho	mer

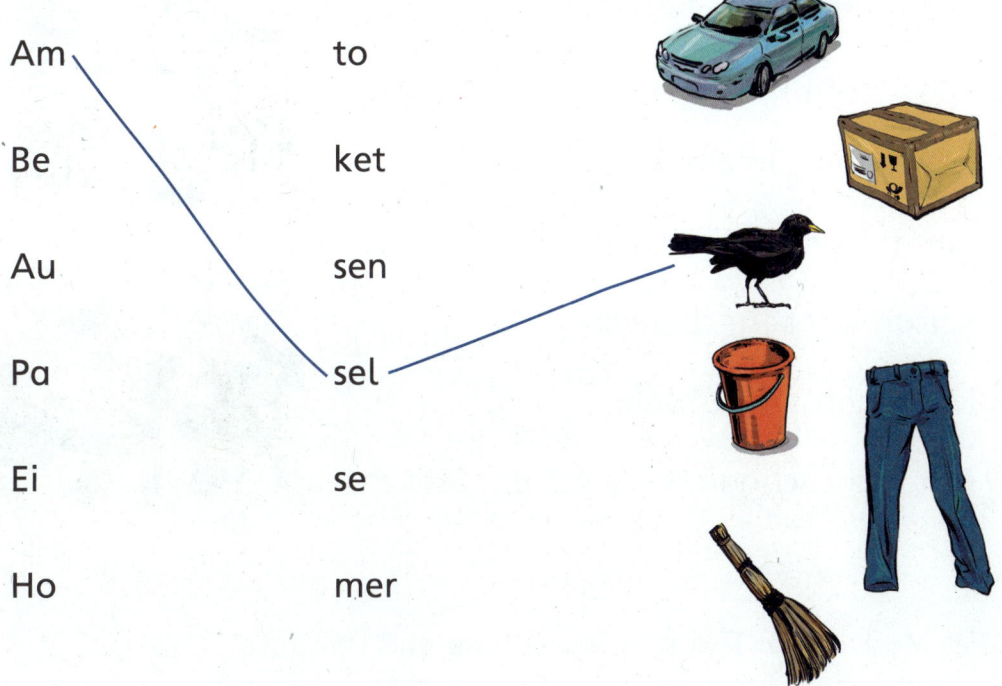

 3 Schau dir unten die Bilder in der rechten Spalte an.

 4 Setze aus den Silben passende Wörter zusammen und verbinde sie mit den Bildern.

La	ko	buch
Bil	ke	gen
Kro	ter	ne
Ra	wa	dil
Last	der	te

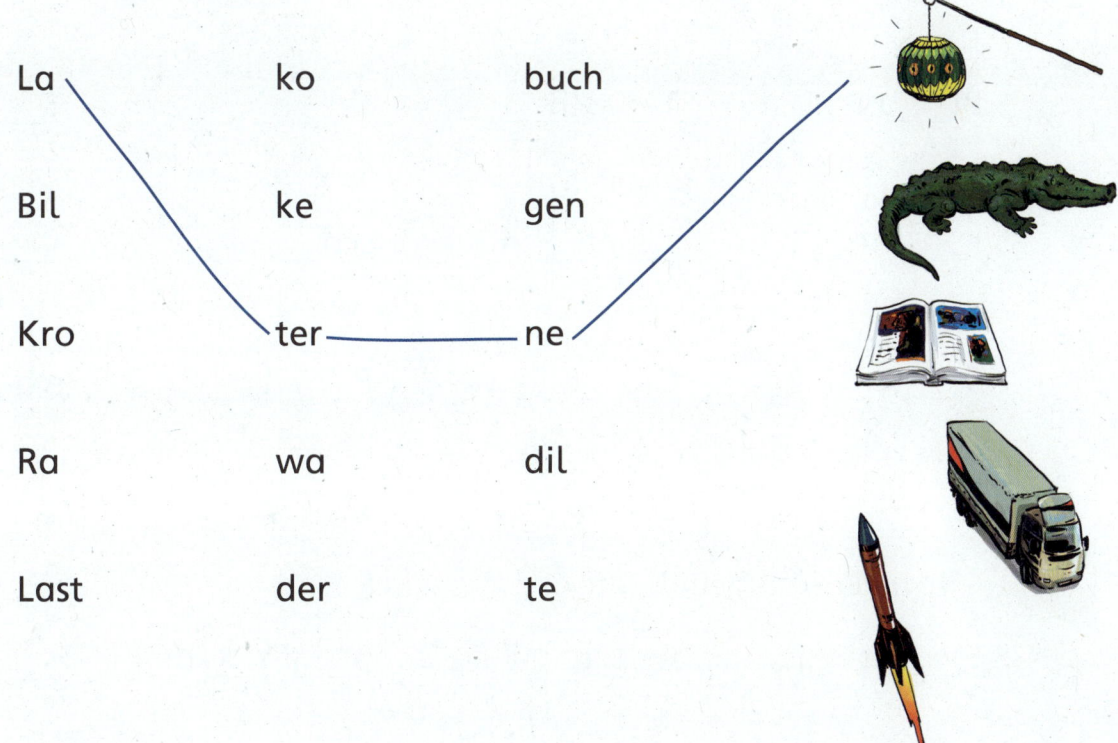

1 Lies den Text langsam und deutlich.

In der Schule

Sascha holt sein Heft aus der Tasche.

Lena sucht Nepal auf dem Globus.

Tom schaut in ein Buch.

Paula rechnet am Tisch eine Aufgabe.

Anton lernt für das Diktat.

Mira malt eine Blume.

Gül sucht schöne Fotos für ein Plakat.

 2 Markiere im Text alle Selbstlaute und Umlaute.

 3 Ergänze die fehlenden Selbstlaute und Umlaute.
Tipp: Du findest alle Wörter oben im Text.

Sch _u_ l _e_   D __kt__t   N___p___l   h__lt

Bl__m___   T___sch___   L__n___   T___sch

r___chn___t   ___nt___n   sch___n___   s___cht

S___sch___   Gl__b___s   P___l___   sch___t

F___t___s   Pl__k__t   M___r___   m__lt

l___rnt   G__l   ___fg___b___

1 Lies die Sätze in Silbensprache und male dabei Silbenbögen in die Luft.

In der Schule

Sascha holt sein Heft aus der Tasche.

Lena sucht Nepal auf dem Globus.

Tom schaut in ein Buch.

Paula rechnet am Tisch eine Aufgabe.

Anton lernt für das Diktat.

Mira malt eine Blume.

Gül sucht schöne Fotos für ein Plakat.

 2 Zeichne Silbenbögen unter die Wörter.

 3 Wie viele Silben haben die Wörter im Text?
Trage deine Ergebnisse ein.

Es gibt im Text _____ Wörter mit einer Silbe.

Es gibt im Text _____ Wörter mit zwei Silben.

Es gibt im Text _____ Wort mit drei Silben.

 4 Welche Wörter aus dem Text sind hier mit Silbenbögen dargestellt?

⌣	Anton ❑	sein ❑	Fotos ❑
⌣⌣	am ❑	Tisch ❑	rechnet ❑
⌣⌣⌣	Plakat ❑	Tasche ❑	Aufgabe ❑

1 Lies die sechs Arbeitsschritte. Sie erklären, wie man das richtige Abschreiben von Wörtern übt.

1. **lesen:**   Lies das Wort langsam und deutlich in Silbensprache.

2. **gliedern:**   Zerlege das Wort in Silben. Kennzeichne die Silben mit Silbenbögen.

3. **merken:**   Lies das Wort noch einmal in Silbensprache und merke es dir.

4. **schreiben und mitsprechen:**   Schreibe das Wort ab. Sprich beim Schreiben die Silben mit.

5. **kontrollieren:**   Vergleiche das Wort mit der Vorlage.

6. **berichtigen:**   Wenn du das Wort falsch geschrieben hast, berichtige es. Streiche das falsche Wort durch und schreibe es richtig auf.

2 Schreibe die Wörter ab. Beachte die sechs Arbeitsschritte.

lesen, gliedern, merken	abschreiben, kontrollieren	berichtigen
Schule		
holt		
sein		
Heft		

1 Schreibe die Wörter ab. Beachte die sechs Arbeitsschritte.

lesen, gliedern, merken	abschreiben, kontrollieren	berichtigen
Tasche		
sucht		
Nepal		
Globus		
schaut		
Buch		
rechnet		
Tisch		
Aufgabe		
lernt		
Diktat		
malt		
Blume		
schöne		
Fotos		
Plakat		

1 Setze aus den Silben passende Wörter zusammen.
Tipp: Streiche die benutzten Silben durch.

tos	kat	~~me~~	Dik
~~Blu~~	Ta	bus	Pla
Glo	tat	Fo	sche

 Blume _____

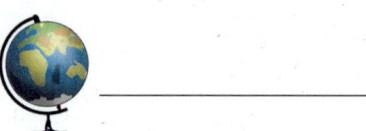 _____

_____

_____

_____

2 Beantworte die Fragen. Die Silben helfen dir dabei.
Tipp: Streiche die benutzten Silben durch.

kat	ne	ton	be
ga	Mi	Pla	Heft
ra	Auf	schö	pal
net	Ne	An	rech

Wer malt eine Blume? _____

Was holt Sascha aus der Tasche? Sein _____

Welche Fotos sucht Gül? Sie sucht _____ Fotos.

Wofür sucht Gül Fotos? Für ein _____

Was rechnet Paula? Eine _____

Welches Land sucht Lena? _____

Was macht Paula am Tisch? Sie _____

Wer lernt für das Diktat? _____

1 Welche Gegenstände siehst du auf dem Bild?
Sprich beim Schreiben die Silben mit.

_____

_____

_____

_____

_____

2 Kontrolliere mit dem Text von Seite 12 und berichtige. Streiche falsche
Wörter durch und schreibe sie richtig auf.

_____

_____

_____

Das kann ich jetzt:

Ich kann Selbstlaute und Umlaute erkennen und einsetzen. (S. 12) ☐ ☐ ☐

Ich kann Silben hören und mit Silbenbögen kennzeichnen. (S. 13) ☐ ☐ ☐

Ich kann Wörter richtig abschreiben. (S. 14/15) ☐ ☐ ☐

Ich kann Silben zu Wörtern zusammensetzen. (S. 16) ☐ ☐ ☐

Ich kann Wörter auswendig aufschreiben. (S. 17) ☐ ☐ ☐

1 Lies den Text langsam und deutlich.

Eine Weltreise

In Peru reitet Linus auf einem Lama.

Der Dom in Köln ist so schön. Nele macht Fotos.

Ole schaut sich in Amerika eine Herde Bisons an.

Josefine filmt in Afrika ein Zebra.

In Japan besucht Takumi seine Tante.

Auf einem Basar in Porto kauft Fridolin eine Sardine.

2 Markiere im Text alle Selbstlaute und Umlaute.

3 Ergänze die fehlenden Selbstlaute und Umlaute.
Tipp: Du findest alle Wörter oben im Text.

W _e_ ltr _ei_ s _e_   P___r___   L___m___   K___ln

F___t___s   D___m   ___m___r___k___   H___rd___

B___s___ns   ___fr___k___   Z___br___   J___p___n

T___nt___   B___s___r   P___rt___   S___rd___n___

r___t___t   m___cht   J___s___f___n___   f___lmt

b___s___cht   k___ft   L___n___s   N___l___

T___k___m___   ___l___   Fr___d___l___n   sch___t

1 Lies die Sätze in Silbensprache und male dabei Silbenbögen in die Luft.

Eine Weltreise

In Peru reitet Linus auf einem Lama.

Der Dom in Köln ist so schön. Nele macht Fotos.

Ole schaut sich in Amerika eine Herde Bisons an.

Josefine filmt in Afrika ein Zebra.

In Japan besucht Takumi seine Tante.

Auf einem Basar in Porto kauft Fridolin eine Sardine.

 2 Zeichne Silbenbögen unter die Wörter.

 3 Wie viele Silben haben die Wörter im Text?
Trage deine Ergebnisse ein.

Es gibt im Text _____ Wörter mit einer Silbe.

Es gibt im Text _____ Wörter mit zwei Silben.

Es gibt im Text _____ Wörter mit drei Silben.

Es gibt im Text _____ Wörter mit vier Silben.

 4 Welche Wörter aus dem Text sind hier mit Silbenbögen dargestellt?

⌣⌣   Weltreise ☐   Peru ☐   Dom ☐

⌣⌣⌣   Amerika ☐   Porto ☐   Afrika ☐

⌣⌣⌣⌣   Lama ☐   Josefine ☐   Sardine ☐

1 Schreibe die Wörter ab. Beachte die sechs Arbeitsschritte.

Die sechs Schritte zum richtigen Abschreiben sind:

1. **lesen:** in Silbensprache lesen

2. **gliedern:** Silbenbögen zeichnen

3. **merken:** in Silbensprache lesen und merken

4. **abschreiben:** beim Schreiben die Silben mitsprechen

5. **kontrollieren:** das Wort mit der Vorlage vergleichen

6. **berichtigen:** falsch geschriebenes Wort durchstreichen und richtig aufschreiben

lesen, gliedern, merken	abschreiben, kontrollieren	berichtigen
Weltreise		
Peru		
reitet		
Linus		
Lama		
macht		
Köln		
Fotos		
schön		
Dom		

1 Schreibe die Wörter ab. Beachte die sechs Arbeitsschritte.

lesen, gliedern, merken	abschreiben, kontrollieren	berichtigen
schaut		
Amerika		
Herde		
Bisons		
filmt		
Josefine		
Afrika		
Zebra		
Japan		
besucht		
Tante		
Basar		
kauft		
Sardine		
Ole		

1 Welche Tiere siehst du? Sprich beim Schreiben die Silben mit.

_____   _____

_____   _____

_____   _____

_____   _____

2 Kontrolliere mit dem Text von Seite 18 und berichtige:
Streiche falsche Wörter durch und schreibe sie richtig daneben.

3 Beantworte die Fragen. Sprich beim Schreiben die Silben mit.

Wo reitet Linus auf einem Lama? _____

Wo macht Nele Fotos? _____

Welche Tiere schaut sich Ole an? _____

Was filmt Josefine in Afrika? _____

Wo besucht Takumi seine Tante? _____

Wer kauft eine Sardine? _____

4 Kontrolliere mit dem Text von Seite 18 und berichtige:
Streiche falsche Wörter durch und schreibe sie richtig auf.

_____

_____

1 Ergänze die fehlenden Wörter. Sprich beim Schreiben die Silben mit.

Eine _Weltrese_

In Peru _____ Linus auf einem Lama.

Der Dom in Köln ist so _____ .

Nele _____ Fotos.

Ole _____ sich in _____ eine Herde

Bisons an.

Josefine _____ in _____ ein Zebra.

In Japan _____ Takumi seine Tante.

Auf einem Basar in Porto _____ Fridolin eine Sardine.

2 Kontrolliere mit dem Text von Seite 18 und berichtige:
Streiche falsche Wörter durch und schreibe sie richtig auf.

Weltreise

_____

_____

_____

Das kann ich jetzt:

Ich kann Selbstlaute und Umlaute erkennen und einsetzen. (S. 18)	☐	☐	☐
Ich kann Silben hören und mit Silbenbögen kennzeichnen. (S. 19)	☐	☐	☐
Ich kann Wörter richtig abschreiben. (S. 20/21)	☐	☐	☐
Ich kann Wörter auswendig aufschreiben. (S. 22/23)	☐	☐	☐

1 Lies den Text langsam und deutlich.

Das Haus

Jede Person macht etwas anderes.

Isa wartet auf den Anruf von Franz.

Emil hört Musik. Er hustet.

Oma holt seine Medizin aus der Küche.

Der Opa sucht seine rote Tasche im Flur.

Ulrike hat Tapete gekauft.

Erik hat in der Nacht gearbeitet, nun ist er müde.

 2 Unterstreiche die 17 Nomen (Namenwörter) im Text blau.
Der Merkkasten hilft dir, die Nomen zu erkennen:

> **Nomen** (Namenwörter) sind Wörter für Lebewesen, Begriffe,
> Gefühle und Dinge.
> **Nomen schreibt man groß.**
> Nomen haben einen Artikel (Begleiter):
> der Vater, die Katze, der Tag, die Liebe, das Haus

1 Hier sind alle Wörter nur in Großbuchstaben geschrieben.
Lies die Wörter genau und unterstreiche die Nomen.

HOLT	SEINE	TAPETE	AUS
ULRIKE	DER	MUSIK	HÖRT
OPA	IM	HAT	MEDIZIN
GEARBEITET	MACHT	ANRUF	NACHT
WARTET	AUF	ISA	HUSTET
FLUR	SUCHT	EMIL	DEN

2 Lies den Text langsam und genau. Hier sind alle Nomen
kleingeschrieben. Unterstreiche die Nomen blau und schreibe sie
mit großen Anfangsbuchstaben darüber.

    Haus
Das haus

_____

Jede person macht etwas anderes.

_____

isa wartet auf den anruf von franz.

_____

emil hört musik. Er hustet.

_____

oma holt seine medizin aus der küche.

_____

Der opa sucht seine rote tasche im flur.

_____

ulrike hat tapete gekauft.

_____

erik hat in der nacht gearbeitet, nun ist er müde.

1 Schreibe die Wörter ab. Beachte die sechs Arbeitsschritte.

lesen, gliedern, merken	abschreiben, kontrollieren	berichtigen
Haus		
Person		
Isa		
Anruf		
Franz		
Emil		
Musik		
Medizin		
Oma		
Küche		
Flur		
Opa		
Tasche		
Ulrike		
Tapete		
Erik		
Nacht		

1 Beantworte die Fragen zum Text. Sprich beim Schreiben die Silben mit.

Worauf wartet Isa?
Sie wartet auf den _____ von _____.

Was hört Emil?
Er hört _____.

Was holt Oma?
Oma holt seine _____.

Woher holt Oma seine Medizin?
Oma holt seine Medizin aus der _____.

Was sucht Opa?
Opa sucht seine rote _____.

Wo sucht Opa die Tasche?
Er sucht sie im _____.

Was hat Ulrike gekauft?
Ulrike hat _____ gekauft.

Wer hustet?

_____ hustet.

Wer ist müde?

_____ ist müde.

Warum ist Erik müde?
Er hat in der _____ gearbeitet.

2 Kontrolliere mit dem Text von Seite 24 und berichtige:
Streiche falsche Wörter durch und schreibe sie hier richtig auf:

_____

_____

_____

1 Lies die sechs Arbeitsschritte. Sie erklären, wie man Sätze richtig abschreibt.

1.	**lesen:**	Lies den Satz langsam und deutlich.

2.	**gliedern:**	Gliedere den Satz in sinnvolle Teile, die du dir merken kannst.

3.	**merken:**	Schau dir den ersten Teil des Satzes genau an. Merke dir die Wörter.

4.	**schreiben und mitsprechen:**	Schreibe den ersten Teil des Satzes ab. Sprich beim Schreiben die Silben mit.

5.	**kontrollieren:**	Vergleiche deine Wörter mit der Vorlage.

6.	**berichtigen:**	Streiche falsch geschriebene Wörter durch und schreibe den Satzteil noch einmal richtig auf.

Jetzt gehe die Schritte 1 bis 6 für die anderen Teile des Satzes durch.

 2 Schreibe die Sätze ab. Beachte die sechs Arbeitsschritte.

Das Haus

~~Das haus~~   Das Haus

Jede Person macht etwas anderes.

1 Schreibe die Sätze ab. Beachte die sechs Arbeitsschritte.

Isa wartet auf den Anruf von Franz.

_____

_____

_____

Emil hört Musik. Er hustet.

_____

_____

Oma holt seine Medizin aus der Küche.

_____

_____

_____

Der Opa sucht seine rote Tasche im Flur.

_____

_____

_____

Ulrike hat Tapete gekauft.

_____

_____

Das kann ich jetzt:

Ich kann Nomen (Namenwörter) erkennen. (S. 24)	☐	☐	☐
Ich kann Nomen (Namenwörter) erkennen und großschreiben. (S. 25)	☐	☐	☐
Ich kann Nomen (Namenwörter) richtig abschreiben. (S. 26)	☐	☐	☐
Ich kann Nomen (Namenwörter) auswendig aufschreiben. (S. 27)	☐	☐	☐
Ich kann Sätze richtig abschreiben. (S. 28/29)	☐	☐	☐

1 Lies den Text langsam und deutlich.

Der Einkauf

Weil seine Mama müde ist, kauft Milan ein. Aus dem Regal

holt er eine Dose Fisch. Marmelade findet er bei der Margarine.

Doch wo ist nur der Reis? Milan ruft zu Hause an. Danach sucht

er noch Gemüse für den Auflauf. Weil der Lauch nicht frisch ist,

holt Milan eine Paprika. Da er Durst hat, sucht Milan sich noch

eine Flasche Saft aus. Für seine Mama kauft Milan Schokolade.

2 Unterstreiche die 23 Nomen im Text blau.

3 Hier sind 14 Nomen aus dem Text versteckt. Markiere sie.

K	D	M	A	R	M	E	L	A	D	E	N	O	D
L	U	I	N	T	A	L	M	T	O	L	R	M	U
A	F	L	Y	U	M	R	E	I	S	Z	E	X	R
U	L	A	E	E	A	C	T	P	E	R	G	L	S
C	A	N	B	I	P	X	O	T	Q	S	A	F	T
H	S	X	A	N	R	W	V	U	I	O	L	I	Y
S	C	H	O	K	O	L	A	D	E	T	A	S	O
G	H	Z	S	A	I	O	G	S	M	W	D	C	C
K	E	P	W	Ü	L	N	E	E	Y	V	P	H	J
A	S	L	Q	F	M	A	R	G	A	R	I	N	E

1 Schreibe die Wörter ab. Beachte die sechs Arbeitsschritte.

lesen, gliedern, merken	abschreiben, kontrollieren	berichtigen
Saft		
Durst		
Fisch		
Regal		
Auflauf		
Einkauf		
Flasche		
Reis		
Dose		
Lauch		
Paprika		
Gemüse		
Schokolade		
Margarine		
sucht		
ruft		
holt		
frisch		

1 Vervollständige die Einkaufsliste von Milan.
Sprich beim Schreiben die Silben mit.

Dose _____

_____

_____

_____

_____

_____

_____

_____

_____

_____

_____

_____

_____

_____

2 Kontrolliere mit dem Text von Seite 30 und berichtige.
Streiche falsche Wörter durch und schreibe sie richtig daneben.

3 Vervollständige die Sätze. Sprich beim Schreiben die Silben mit.

Milan erledigt den _____ für seine Mama.

Im _____ findet er eine _____
Fisch.

Weil der _____ nicht frisch ist, kauft er eine

_____.

Milan kauft sich Saft, weil er _____ hat.

4 Kontrolliere mit dem Text von Seite 30 und berichtige.
Streiche falsche Wörter durch und schreibe sie hier richtig auf:

_____

_____

1 Schreibe die Sätze ab. Beachte die sechs Arbeitsschritte:

1. lesen 2. gliedern 3. merken
4. schreiben und mitsprechen 5. kontrollieren
6. berichtigen

Weil seine Mama müde ist, kauft Milan ein.

Weil seine Mama ~~müde~~ ist, kauft Milan ein.

Weil seine Mama müde ist,

Aus dem Regal holt er eine Dose Fisch

Marmelade findet er bei der Margarine.

Doch wo ist nur der Reis?

Milan sucht noch Gemüse für den Auflauf.

Weil der Lauch nicht frisch ist, holt er eine Paprika.

1 Lies den Text genau. Alle Wörter sind kleingeschrieben.

der einkauf

weil seine mama müde ist, kauft milan ein. aus dem regal
holt er eine dose fisch. marmelade findet er bei der margarine.
doch wo ist nur der reis? milan ruft zu hause an. danach sucht er
noch gemüse für den auflauf. weil der lauch nicht frisch ist, holt
milan eine paprika. da er durst hat, sucht milan sich noch eine
flasche saft aus. für seine mama kauft milan schokolade.

 2 Unterstreiche alle 23 Nomen im Text blau.

 3 Markiere alle Satzanfänge.

 4 Kontrolliere mit dem Text von Seite 30 und berichtige.

 5 Schreibe den Text richtig auf. Der Merkkasten hilft dir dabei.

> Nomen und Satzanfänge schreibt man groß.

<u>Der Einkauf</u>

1 Suche dir drei Sätze aus dem Text von Seite 30 aus und
schreibe sie auswendig auf.

_____

_____

_____

_____

_____

_____

2 Kontrolliere die Sätze mit dem Text von Seite 30 und berichtige sie.
Streiche falsche Wörter durch und schreibe den Satzteil richtig auf.

_____

_____

_____

_____

_____

_____

Das kann ich jetzt:

Ich kann Nomen (Namenwörter) erkennen. (S. 30)	☐	☐	☐
Ich kann Wörter richtig abschreiben. (S. 31)	☐	☐	☐
Ich kann Nomen auswendig aufschreiben. (S. 32)	☐	☐	☐
Ich kann Sätze richtig abschreiben. (S. 33)	☐	☐	☐
Ich kann Nomen und Satzanfänge großschreiben. (S. 34)	☐	☐	☐
Ich kann drei Sätze auswendig aufschreiben. (S. 35)	☐	☐	☐

1 Lies den Text langsam und deutlich.

Im Zirkus

Rudi ist mit seinem Kumpel Uwe im Zirkus. Rudi kauft sich eine

Kugel Eis. Uwe holt eine Tafel Schokolade aus der Tasche. Ein

Artist reitet auf einem Esel herein. Er holt aus seinem Beutel eine

Gabel mit einem Knödel. Nun wuselt ein Rudel Pudel um den

Esel herum. Hokuspokus, der Artist zaubert aus dem Knödel eine

Nudel. Eine Orgel ertönt. Auf einmal ist Nebel im Zelt.

2 Unterstreiche alle Wörter mit der Endung -el im Text.

3 Hier sind 11 Nomen mit der Endung -el versteckt. Markiere sie.

W	O	N	L	O	E	B	H	B	E	U	T	E	L
K	H	X	R	V	P	U	D	E	L	D	E	K	N
U	K	M	U	A	E	T	J	Z	D	T	T	N	W
G	M	R	D	B	Z	L	D	O	A	A	P	Ö	N
E	C	T	E	P	P	A	G	R	L	F	A	D	E
L	B	K	L	M	F	T	W	G	C	E	N	E	B
P	L	E	W	I	T	L	O	E	B	L	G	L	E
O	X	V	E	S	E	L	D	L	M	V	S	U	L
G	A	B	E	L	F	T	Z	S	N	U	D	E	L

1 Übe die Wörter mit der Endung -el richtig zu schreiben.
Achte auf die sechs Arbeitsschritte in der Tabelle.

Tipp:
Oft hört man die
Endung -el nicht gut.
Lies die Wörter deutlich
in Silbensprache.

lesen, gliedern, merken	abschreiben, kontrollieren	berichtigen
Kumpel		
Kugel		
Tafel		
Esel		
Beutel		
Gabel		
Knödel		
Rudel		
Pudel		
Nudel		
Orgel		
Nebel		

1 Schreibe die Sätze ab. Beachte die sechs Arbeitsschritte:

1. **lesen**
2. **gliedern**
3. **merken**
4. **schreiben und mitsprechen**
5. **kontrollieren**
6. **berichtigen**

Im Zirkus

~~Im Zikus~~   Im Zirkus

Rudi ist mit seinem Kumpel Uwe im Zirkus.

_____

_____

_____

Rudi kauft sich eine Kugel Eis.

_____

_____

Uwe holt eine Tafel Schokolade aus der Tasche.

_____

_____

_____

Ein Artist reitet auf einem Esel herein.

_____

_____

_____

1 Schreibe die Sätze ab. Beachte die sechs Arbeitsschritte.

Er holt aus seinem Beutel eine Gabel mit einem Knödel.

_____

_____

Nun wuselt ein Rudel Pudel um den Esel herum.

_____

_____

Hokuspokus, der Artist zaubert aus dem Knödel eine Nudel.

_____

_____

Eine Orgel ertönt.

_____

Auf einmal ist Nebel im Zelt.

_____

1 Lies den Text genau. Alle Wörter sind kleingeschrieben.

im zirkus

rudi ist mit seinem kumpel uwe im zirkus. rudi kauft sich eine
kugel eis. uwe holt eine tafel schokolade aus der tasche. ein
artist reitet auf einem esel herein. er holt aus seinem beutel eine
gabel mit einem knödel. nun wuselt ein rudel pudel um den
esel herum. hokuspokus, der artist zaubert aus dem knödel eine
nudel. eine orgel ertönt. auf einmal ist nebel im zelt.

 2 Unterstreiche die 27 Nomen blau.

 3 Markiere alle Satzanfänge.

 4 Kontrolliere und berichtige mit dem Text von Seite 36.

 5 Schreibe den Text richtig auf. Der Merkkasten hilft dir dabei.

> Nomen und Satzanfänge schreibt man groß.

<u>Im Zirkus</u>

1 Suche dir drei Sätze aus dem Text von Seite 36 aus und
schreibe sie auswendig auf.

_____

_____

_____

_____

_____

_____

2 Kontrolliere die Sätze und berichtige sie: Streiche falsche Wörter
durch und schreibe den Satzteil richtig auf.

_____

_____

_____

_____

Das kann ich jetzt:

Ich kann Wörter, die auf -el enden, erkennen. (S. 36) ☐ ☐ ☐

Ich kann Wörter, die auf -el enden, richtig abschreiben. (S. 37) ☐ ☐ ☐

Ich kann Sätze mit Wörtern, die auf -el enden,
richtig abschreiben. (S. 38/39) ☐ ☐ ☐

Ich kann Nomen und Satzanfänge großschreiben. (S. 40) ☐ ☐ ☐

Ich kann drei Sätze auswendig aufschreiben. (S. 41) ☐ ☐ ☐

1 Lies den Text langsam und deutlich.

Der Winter

Eines Morgens im Dezember schaut Timo aus dem Fenster. Auf

dem Eimer ist Eis. Er ruft seiner Schwester zu: „Der Winter ist da!"

Es ist kalt, aber Lenas gelber Anorak ist schön warm. Hinter dem

Haus ist ein Teich. Das Kanu am Ufer ist auch schon im Eis. Timo

testet das Eis mit dem Ruder. Aber keiner traut sich auf das Eis.

Nach einiger Zeit frösteln beide. Im Haus hat Papa den Kamin

angemacht. Der Kater kuschelt auf seiner Schulter.

 2 Unterstreiche alle Wörter mit der Endung -er im Text.

 3 Hier sind 13 Wörter mit der Endung -er versteckt. Markiere sie.

W	O	P	U	F	E	R	H	B	W	S	E	F	C
D	E	Z	E	M	B	E	R	M	X	C	I	E	K
X	U	E	I	M	E	R	V	G	G	H	N	N	W
K	W	S	D	F	G	T	W	M	E	U	I	S	R
A	I	T	H	I	N	T	E	R	X	L	G	T	U
T	N	C	K	D	X	A	Y	Q	U	T	E	E	D
E	T	L	S	C	H	W	E	S	T	E	R	R	E
R	E	T	K	E	I	N	E	R	L	R	X	U	R
L	R	I	A	B	E	R	H	J	R	H	F	N	B

1 Übe die Wörter mit der Endung -er richtig zu schreiben. Achte auf die sechs Arbeitsschritte in der Tabelle.

> **Tipp:**
> Oft hört man die Endung -er nicht gut. Lies die Wörter deutlich in Silbensprache.

lesen, gliedern, merken	abschreiben, kontrollieren	berichtigen
Winter		
Dezember		
Fenster		
Eimer		
er		
der		
seiner		
Schwester		
gelber		
hinter		
Ufer		
Ruder		
aber		
keiner		
einiger		
Kater		
Schulter		

1 Schreibe die Sätze ab. Beachte die sechs Arbeitsschritte:

1. lesen
2. gliedern
3. merken
4. schreiben und mitsprechen
5. kontrollieren
6. berichtigen

Der Winter

Der Wintr   Der Winter

Eines Morgens im Dezember schaut Timo aus dem Fenster.

Auf dem Eimer ist Eis.

Er ruft seiner Schwester zu: „Der Winter ist da!"

Es ist kalt, aber Lenas gelber Anorak ist schön warm.

Hinter dem Haus ist ein Teich.

1 Schreibe die Sätze ab. Beachte die sechs Arbeitsschritte.

Das Kanu am Ufer ist auch schon im Eis.

_____

_____

Timo testet das Eis mit dem Ruder.

_____

_____

Aber keiner traut sich auf das Eis.

_____

_____

Nach einiger Zeit frösteln beide.

_____

_____

Im Haus hat Papa den Kamin angemacht.

_____

_____

Der Kater kuschelt auf seiner Schulter.

_____

_____

_____

 **1** Lies den Text genau. Alle Wörter sind kleingeschrieben.

der winter

eines morgens im dezember schaut timo aus dem fenster. auf dem
eimer ist eis. er ruft seiner schwester zu: „der winter ist da!" es ist
kalt, aber lenas gelber anorak ist schön warm. hinter dem haus
ist ein teich. das kanu am ufer ist auch schon im eis. timo testet
das eis mit dem ruder. aber keiner traut sich auf das eis. nach
einiger zeit frösteln beide. im haus hat papa den kamin
angemacht. der kater kuschelt auf seiner schulter.

 2 Unterstreiche die 26 Nomen blau.

 3 Markiere alle Satzanfänge.

 4 Kontrolliere und berichtige mit dem Text von Seite 42.

 5 Schreibe den Text richtig auf. Der Merkkasten hilft dir dabei.

> Nomen und Satzanfänge schreibt man groß.

Der Winter

1 Suche dir drei Sätze aus dem Text von Seite 42 aus und schreibe sie auswendig auf.

_____

_____

_____

_____

_____

_____

2 Kontrolliere die Sätze und berichtige sie: Streiche falsche Wörter durch und schreibe den Satzteil richtig auf.

_____

_____

_____

_____

_____

Das kann ich jetzt:

Ich kann Wörter, die auf -er enden, erkennen. (S. 42)	☐	☐	☐
Ich kann Wörter, die auf -er enden, richtig abschreiben. (S. 43)	☐	☐	☐
Ich kann Sätze mit Wörtern, die auf -er enden, richtig abschreiben. (S. 44/45)	☐	☐	☐
Ich kann Nomen und Satzanfänge großschreiben. (S. 46)	☐	☐	☐
Ich kann drei Sätze auswendig aufschreiben. (S. 47)	☐	☐	☐

 **1** Lies den Text langsam und deutlich.

Das Zelt

Paul hat ein Zelt auf dem Dachboden gefunden. Er darf damit

im Garten zelten. Paul ruft Maren an. Beide holen das Zelt vom

Boden. Paul baut das Zelt auf dem Rasen auf. Danach fegen

beide das Zelt mit einem Besen aus. Pauls Eltern erlauben den

beiden, im Laden einzukaufen. Maren kauft Kuchen und Saft.

Nun legen sich beide gemütlich auf den Rasen. Paul schaut nach

oben in dichte Wolken. Nein, es darf keinen Regen geben!

 2 Unterstreiche alle Wörter mit der Endung -en im Text.

 3 Hier sind 16 Wörter mit der Endung -en versteckt. Markiere sie.

Z	E	L	T	E	N	G	R	X	G	C	V	M	G
X	O	B	E	S	E	N	E	W	A	W	N	L	E
B	O	B	O	D	E	N	G	X	R	O	I	L	B
E	B	G	J	D	X	V	E	L	T	L	Ö	E	E
I	E	H	O	L	E	N	N	A	E	K	F	G	N
D	N	K	E	I	N	E	N	D	N	E	E	E	Y
E	R	L	A	U	B	E	N	E	C	N	G	N	W
N	D	T	X	E	N	X	F	N	R	Z	E	P	S
R	K	U	C	H	E	N	T	N	T	J	N	J	T

1 Übe die Wörter mit der Endung -en richtig zu schreiben. Achte auf die sechs Arbeitsschritte in der Tabelle.

Tipp:
Oft hört man die Endung -en nicht gut. Lies die Wörter deutlich in Silbensprache.

lesen, gliedern, merken	abschreiben, kontrollieren	berichtigen
Dachboden		
gefunden		
Garten		
zelten		
holen		
fegen		
erlauben		
beiden		
einzukaufen		
Kuchen		
Rasen		
Wolken		
legen		
oben		
geben		

1 Schreibe die Sätze ab. Beachte die sechs Arbeitsschritte:

1. **lesen**
2. **gliedern**
3. **merken**
4. **schreiben und mitsprechen**
5. **kontrollieren**
6. **berichtigen**

Das Zelt

Das ~~zelt~~   Das Zelt

Paul hat ein Zelt auf dem Dachboden gefunden.

_____

_____

_____

Er darf damit im Garten zelten.

_____

_____

Paul ruft Maren an.

_____

_____

Beide holen das Zelt vom Boden.

_____

_____

Paul baut das Zelt auf dem Rasen auf.

_____

_____

1 Schreibe die Sätze ab. Beachte die sechs Arbeitsschritte.

Danach fegen beide das Zelt mit einem Besen aus.

_____

_____

Pauls Eltern erlauben den beiden, im Laden einzukaufen.

_____

_____

Maren kauft Kuchen und Saft.

_____

_____

Nun legen sich beide gemütlich auf den Rasen.

_____

_____

Paul schaut nach oben in dichte Wolken.

_____

_____

Nein, es darf keinen Regen geben!

_____

_____

1 Lies den Text genau. Alle Wörter sind kleingeschrieben.

das zelt

paul hat ein zelt auf dem dachboden gefunden. er darf damit im garten zelten. paul ruft maren an. beide holen das zelt vom boden. paul baut das zelt auf dem rasen auf. danach fegen beide das zelt mit einem besen aus. pauls eltern erlauben den beiden, im laden einzukaufen. maren kauft kuchen und saft. nun legen sich beide gemütlich auf den rasen. paul schaut nach oben in dichte wolken. nein, es darf keinen regen geben!

 2 Unterstreiche die 24 Nomen blau.

 3 Markiere alle Satzanfänge.

 4 Kontrolliere und berichtige mit dem Text von Seite 48.

 5 Schreibe den Text richtig auf. Der Merkkasten hilft dir dabei.

> Nomen und Satzanfänge schreibt man groß.

Das Zelt

1 Suche dir drei Sätze aus dem Text von Seite 48 aus und schreibe sie auswendig auf.

_____

_____

_____

_____

_____

_____

2 Kontrolliere die Sätze und berichtige sie: Streiche falsche Wörter durch und schreibe den Satzteil richtig auf.

_____

_____

_____

_____

_____

_____

Das kann ich jetzt:

Ich kann Wörter, die auf -en enden, erkennen. (S. 48)	☐	☐	☐
Ich kann Wörter, die auf -en enden, richtig abschreiben. (S. 49)	☐	☐	☐
Ich kann Sätze mit Wörtern, die auf -en enden, richtig abschreiben. (S. 50/51)	☐	☐	☐
Ich kann Nomen und Satzanfänge großschreiben. (S. 52)	☐	☐	☐
Ich kann drei Sätze auswendig aufschreiben. (S. 53)	☐	☐	☐

 **1** Lies den Text langsam und deutlich.

Reise nach Afrika

Wir schweben in der Luft. Leider kündigen beide Piloten eine

turbulente Reise an. Daraufhin ist einem Gast übel. Hagel, Regen,

aber auch heftige Winde begleiten uns. Hoch über den Wolken

schaukelt es weniger. Nach einiger Zeit befinden wir uns hinter

der Regenfront. Unter uns laufen Antilopen, Löwen, aber auch

Elefanten. Unsere Maschine landet im fremden Afrika. Im Hotel

erhalten wir eine Limonade aus frischen Zitronen. Übermorgen

werden wir eine Safari machen. Frei laufende, wilde Lebewesen

erwarten uns.

 2 Zeichne Silbenbögen unter die Wörter.

 3 Markiere die Wörter mit zwei Silben orange, die Wörter mit
drei Silben gelb und die Wörter mit vier Silben pink.

 4 Wie viele Silben haben die Wörter im Text?
Trage deine Ergebnisse ein.

Es gibt im Text _____ Wörter mit einer Silbe.

Es gibt im Text _____ Wörter mit zwei Silben.

Es gibt im Text _____ Wörter mit drei Silben.

Es gibt im Text _____ Wörter mit vier Silben.

1 Setze aus den Silben passende Wörter zusammen.
Tipp: Streiche die benutzten Silben durch.

schi	ne	E	bra
Re	ten	Zi	ken
An	mo	de	lo
Ma	gen	Wol	Ho
Pi	le	ne	fant
tro	tel	Ze	ti
na	pen	Li	lo

 _____

 _____

 _____

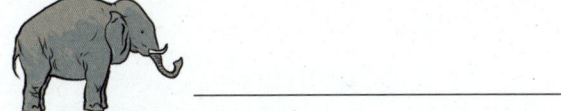 _____

 _____

 _____

 _____

 _____

 _____

 _____

1 Übe die Wörter mit den Endungen
-el, -er und -en richtig zu schreiben.
Achte auf die sechs Arbeitsschritte
in der Tabelle.

Tipp:
Oft hört man die Endungen
-el, -er und -en nicht gut.
Lies die Wörter deutlich in
Silbensprache.

lesen, gliedern, merken	abschreiben, kontrollieren	berichtigen
kündigen		
leider		
Piloten		
übel		
Hagel		
Regen		
begleiten		
Wolken		
weniger		
einiger		
befinden		
Löwen		
Hotel		
übermorgen		
Antilopen		
Lebewesen		

1 Schreibe die Sätze ab. Beachte die sechs Arbeitsschritte:

1. lesen
2. gliedern
3. merken
4. schreiben und mitsprechen
5. kontrollieren
6. berichtigen

Reise nach Afrika

~~reise~~ nach Afrika   Reise nach Afrika

Wir schweben in der Luft.

_____

_____

Daraufhin ist einem Gast übel.

_____

_____

Hoch über den Wolken schaukelt es weniger.

_____

_____

Unsere Maschine landet im fremden Afrika.

_____

_____

Frei laufende, wilde Lebewesen erwarten uns.

_____

_____

 **1** Lies den Text genau. Alle Wörter sind kleingeschrieben.

reise nach afrika

wir schweben in der luft. leider kündigen beide piloten eine
turbulente reise an. daraufhin ist einem gast übel. hagel, regen,
aber auch heftige winde begleiten uns. hoch über den wolken
schaukelt es weniger. nach einiger zeit befinden wir uns hinter
der regenfront. unter uns laufen antilopen, löwen, aber auch
elefanten. unsere maschine landet im fremden afrika. im hotel
erhalten wir eine limonade aus frischen zitronen. übermorgen
werden wir eine safari machen. frei laufende, wilde lebewesen
erwarten uns.

 2 Unterstreiche die 22 Nomen blau.

 3 Markiere alle Satzanfänge.

 4 Kontrolliere und berichtige mit dem Text von Seite 54.

 5 Schreibe den Text richtig auf. Der Merkkasten hilft dir dabei.

> Nomen und Satzanfänge schreibt man groß.

Reise nach Afrika

1 Suche dir drei Sätze aus dem Text von Seite 54 aus und schreibe sie auswendig auf.

_____

_____

_____

_____

_____

_____

_____

2 Kontrolliere die Sätze und berichtige sie: Streiche falsche Wörter durch und schreibe den Satzteil richtig auf.

_____

_____

_____

_____

Das kann ich jetzt:

Ich kann Silben hören und mit Silbenbögen kennzeichnen. (S. 54)   ☐ ☐ ☐

Ich kann Silben zu Wörtern zusammensetzen. (S. 55)   ☐ ☐ ☐

Ich kann Wörter, die auf -el, -er oder -en enden, richtig abschreiben. (S. 56)   ☐ ☐ ☐

Ich kann Sätze mit Wörtern, die auf -el, -er oder -en enden, richtig abschreiben. (S. 57)   ☐ ☐ ☐

Ich kann Nomen und Satzanfänge großschreiben. (S. 58)   ☐ ☐ ☐

Ich kann drei Sätze auswendig aufschreiben. (S. 59)   ☐ ☐ ☐

S. 7: Aufg. 3: 6 Wörter mit zwei Silben, 5 Wörter mit drei Silben, 1 Wort mit vier Silben.

S. 8: Aufg. 3: 7 Wörter mit zwei Silben, 3 Wörter mit drei Silben, 2 Wörter mit vier Silben.

S. 13: Aufg. 3: 25 Wörter mit einer Silbe, 17 Wörter mit zwei Silben, 1 Wort mit drei Silben.

S. 16: Aufg. 1: Blume, Globus, Tasche, Plakat, Fotos, Diktat.

Aufg. 2: Mira, Heft, schöne, Plakat, Aufgabe, Nepal, rechnet, Anton.

S. 19: Aufg. 3: 21 Wörter mit einer Silbe, 21 Wörter mit zwei Silben, 5 Wörter mit drei Silben, 2 Wörter mit vier Silben.

S. 24: Aufg. 2: Das Haus
Jede Person macht etwas anderes. Isa wartet auf den Anruf von Franz. Emil hört Musik. Er hustet. Oma holt seine Medizin aus der Küche. Der Opa sucht seine rote Tasche im Flur. Ulrike hat Tapete gekauft. Erik hat in der Nacht gearbeitet, nun ist er müde.

S. 30: Aufg. 2: Der Einkauf
Weil seine Mama müde ist, kauft Milan ein. Aus dem Regal holt er eine Dose Fisch. Marmelade findet er bei der Margarine. Doch wo ist nur der Reis? Milan ruft zu Hause an. Danach sucht er noch Gemüse für den Auflauf. Weil der Lauch nicht frisch ist, holt Milan eine Paprika. Da er Durst hat, sucht Milan sich noch eine Flasche Saft aus. Für seine Mama kauft Milan Schokolade.

Aufg. 3: waagerecht: Marmelade, Reis, Saft, Schokolade, Margarine;
senkrecht: Lauch, Flasche, Milan, Einkauf, Mama, Dose, Regal, Fisch, Durst.

S. 36: Aufg. 3: waagerecht: Beutel, Pudel, Esel, Gabel, Nudel; senkrecht: Kugel, Rudel, Orgel, Tafel, Knödel, Nebel.

S. 40: Aufg. 2+3: im zirkus
rudi ist mit seinem kumpel uwe im zirkus. rudi kauft sich eine kugel eis. uwe holt eine tafel schokolade aus der tasche. ein artist reitet auf einem esel herein. er holt aus seinem beutel eine gabel mit einem knödel. nun wuselt ein rudel pudel um den esel herum. hokuspokus, der artist zaubert aus dem knödel eine nudel. eine orgel ertönt. auf einmal ist nebel im zelt.

S. 42: Aufg. 3 waagerecht: Ufer, Dezember, Eimer, hinter, Schwester, keiner, aber,
senkrecht: Kater, Winter, Schulter, einiger, Fenster, Ruder.

S. 46: Aufg. 2+3 der winter
eines morgens im dezember schaut timo aus dem fenster. auf dem eimer ist eis. er ruft seiner schwester zu: „der winter ist da!" es ist kalt, aber lenas gelber anorak ist warm. hinter dem haus ist ein teich. das kanu am ufer ist auch schon im eis. timo testet das eis mit dem ruder. aber keiner traut sich auf das eis. nach einiger zeit frösteln beide. im haus hat papa den kamin angemacht. der kater kuschelt auf seiner schulter.

S. 48: Aufg. 2: waagerecht: zelten, Besen, Boden, holen, keinen, erlauben, Kuchen;
senkrecht: beiden, oben, Regen, Laden, Garten, Wolken, fegen, legen, geben.

S. 52: Aufg. 2+3 das zelt
paul hat ein zelt auf dem dachboden gefunden. er darf damit im garten zelten. paul ruft maren an. beide holen das zelt vom boden. paul baut das zelt auf dem rasen auf. danach fegen beide das zelt mit einem besen aus. pauls eltern erlauben den beiden im laden einzukaufen. maren kauft kuchen und saft. nun legen sich beide gemütlich auf den rasen. paul schaut nach oben in dichte wolken. nein, es darf keinen regen geben.

S. 54: Aufg. 3+4: Reise nach Afrika
Wir schweben in der Luft. Leider kündigen beide Piloten eine turbulente Reise an. Daraufhin ist einem Gast übel. Hagel, Regen, aber auch heftige Winde begleiten uns. Hoch über den Wolken schaukelt es weniger. Nach einiger Zeit befinden wir uns hinter der Regenfront. Unter uns laufen Antilopen, Löwen, aber auch Elefanten. Unsere Maschine landet im fremden Afrika. Im Hotel erhalten wir eine Limonade aus frischen Zitronen. Übermorgen werden wir eine Safari machen. Frei laufende, wilde Lebewesen erwarten uns.

Aufgabe 4: 27 Wörter mit einer Silbe, 29 Wörter mit zwei Silben, 18 Wörter mit drei Silben, 6 Wörter mit vier Silben.

S. 55: Limonade, Piloten, Regen, Elefant, Zitrone, Hotel, Zebra, Wolken, Antilopen, Maschine.

S. 58: Aufg. 2+3: reise nach afrika
wir schweben in der luft. leider kündigen beide piloten eine turbulente reise an. daraufhin ist einem gast übel. hagel, regen, aber auch heftige winde begleiten uns. hoch über den wolken schaukelt es weniger. nach einiger zeit befinden wir uns hinter der regenfront. unter uns laufen antilopen, löwen, aber auch elefanten. unsere maschine landet im fremden afrika. im hotel erhalten wir eine limonade aus frischen zitronen. übermorgen werden wir eine safari machen. frei laufende, wilde lebewesen erwarten uns.

A, a

aber
acht
achte
achter
achten
Afrika
als
alt
alte
altes
alter
Alter
am
Ameise
Amerika
Ampel
an
Ananas
andere
anderes
anderer
Anorak
Anruf
arbeite
arbeiten
arbeitet
Arbeiter
Arm
Artist

Ast
Atlas
auf
Aufgabe
Auflauf
aus
Auto

B, b

Banane
Basar
Baum
bauen
baut
baute
bei
beide
beiden
beider
Bein
Beruf
Besen
beten
betet
Beule
Beutel
Bison
Blume
Boden
Bogen
böse

bösen
böser
Buch
Bügel
Bus

D, d

da
Dach
Dachboden
Dame
damit
danach
daran
daraufhin
darf
darum
Daumen
dein
dem
den
der
des
Dezember
dicht
dichte
dichter
Dichter
Diktat
doch
Dom

Dose
Durst
Dusche

E, e

Ei
Eimer
ein
eine
einem
einen
einer
eines
einmal
eins
einige
einigen
einiger
Einkauf
einkaufen
Eis
Elefant
elf
er
erlaube
erlauben
erfrage
erfragen
erhalte
erhalten
erlebe

erleben
ertönen
ertönt
ertrage
ertragen
es
Esel
etwas
Eule
Euro
Euter

F, f

Fabel
Faden
Faser
fast
Feder
fege
fegen
filme
filmen
filmt
finde
finden
findet
Fisch
Flasche
Flur
Foto
Frage

frage	grau	Hof	jedoch	koche
fragen	graue	hole	jemals	kochen
Frau	grauer	holen	Jubel	kocht
fremde	graues	holt	Judo	Knödel
fremder	Gurke	höre	Juli	Krokodil
fremdes	gut	hören	Juni	Kuchen
Fremder	**H, h**	hört	**K, k**	Küche
Freude	habe	Hose	Kabel	Kugel
Freunde	haben	Hupe	kalt	Kumpel
frisch	Hafen	hupe	kalter	kuscheln
frische	Hafer	hupen	kälter	kuschelt
frischer	Haken	huste	kaltes	**L, l**
frisches	halt	husten	Kamel	lache
Front	halte	hustet	Kamera	lachen
Frost	halten	Husten	Kamin	lacht
frösteln	Hase	Hut	Kanu	Laden
für	hat	**I, i**	Karte	lade
G, g	Haus	ich	Kater	laden
Gabel	Haut	Igel	kaufe	Lager
Garten	Hebel	im	kaufen	Laken
Gas	hebe	in	kauft	Lama
gebe	heben	ins	kaum	lande
geben	Heft	Insel	Kegel	landet
gelb	heftige	ist	keine	Lauch
gelbe	heftiger	**J, j**	keinen	laufe
gelber	heftiges	ja	keiner	laufen
gelbes	Herde	Japan	Kinder	laut
Gemüse	Heu	jede	Kino	lebe
gemütlich	hinter	jeder	Kiste	leben
Globus	hoch	jedes	Kiwi	Lebewesen

Leder	malen	nage	Pedal	rechnen
lege	malt	nagen	Pegel	rechnet
legen	Mama	Nagel	Perle	Rede
leider	man	Name	Person	rede
leise	Margarine	Nase	Peru	reden
leiser	Marmelade	Nebel	Pilot	redet
leises	Mast	nein	Pirat	Regal
lerne	Matrose	neu	Plakat	Regel
lernen	Maul	neun	Polen	Regen
lernt	Maus	nicht	Post	Reifen
lese	Medizin	Nikolaus	Pudel	reime
lesen	meine	noch	Puma	reimen
Leser	meinen	Note	**R, r**	reimt
Leute	meint	nun	Rabe	Reis
lila	meine	Nudel	Rakete	Reise
Limonade	meinen	**O, o**	rase	reise
lobe	meiner	oder	rasen	reisen
loben	Meise	oft	rast	reist
los	Melone	Ofen	Rasen	reite
Löwe	Meter	Oma	Rast	reiten
Luft	Morgen	Onkel	Rat	reitet
Lupe	müde	Opa	rate	rosa
M, m	müder	Orgel	raten	Rose
mache	müdes	**P, p**	ratet	rot
machen	Musik	Paket	raufe	rote
macht	**N, n**	Palme	raufen	roter
Magen	Nabel	Papa	rauft	rotes
mager	nach	Papagei	Raum	Rudel
mageres	Nacht	Paprika	Raupe	Ruder
male	Nadel	Pause	rechne	rufe

rufen	schwebe	Taube	unter	Wolke
ruft	schweben	tauche	**W, w**	Wüste
S, s	Schweden	tauchen	warm	Wut
Safari	Schwester	taucht	warme	**Z, z**
Saft	Segel	Taufe	warmer	Zauber
sage	Segen	tausche	warmes	Zauberer
sagen	Seife	tauschen	warte	zaubere
Salat	Seil	Teich	warten	zaubern
Sardine	sein	Teil	wartet	zaubert
Sau	seine	teile	weil	Zaun
sauber	seinen	teilen	Wein	Zebra
saubere	seiner	teilt	weine	zeige
sauberes	seines	Test	weinen	zeigen
Sauna	Seite	teste	weint	Zeit
Schaf	sich	testen	Weizen	Zelt
schaukeln	so	testet	wenige	zelte
schaukelt	Sofa	Tisch	weniger	zelten
schaut	sofort	Tomate	wer	Zirkus
schaute	Suche	trage	werde	Zitrone
Schere	suche	tragen	werden	zu
Schi	suchen	traut	werdet	zum
Schlaf	sucht	**U, u**	Wesen	
schlafen	**T, t**	übel	wilde	
Schokolade	Tadel	über	wilder	
schön	Tafel	Ufer	wildes	
schöne	Tal	um	Wilder	
schöner	Tante	uns	Winde	
schönes	Tapete	unser	Winter	
Schule	Tasche	unsere	wir	
Schulter	Tau	unseren	wo	